齋藤 孝の
どっちも得意になる!

算数 × 社会

教育画劇

はじめに

　学校で勉強する教科は、「国語」「算数」「理科」「社会」のように分かれています。それぞれまったく別々の分野を学んでいるように感じるかもしれませんが、実はその内容には、教科の壁をこえて関わりあっている部分がたくさんあります。たとえば、社会のようすを数字を用いてくわしく知るためには、グラフや割合の計算など、算数の知識がとても役立ちます。理科の授業にも、観察日記をつけたり、実験結果をまとめたり、自分の考えを人に伝わるように発表するためには、国語の力が欠かせません。

　ある教科を勉強するときに、ほかの教科との関わりを考えながら学ぶと、とても効率よく両方の教科の知識が身につきます。ひとつの教科が得意になると、実はほかの教科を理解する土台の力が養われるのです。

　この本では、小学3年生〜6年生の教科書にそった「算数」と「社会」の学習のポイントを掲載しています。さらに2教科の学びのポイントをつなげて発展させ、教科書の内容にはとどまらない、幅広い知識を身につけられる考え方を紹介しています。2教科を一緒に考えることで、それぞれの教科への理解や各教科のつながりに対する関心がぐっと深まります。「社会は好きだけど算数は苦手だなあ」という人、その反対の人も、読みすすめるにつれて算数と社会の世界が深くつながっていることにびっくりするはずです。

　この本を通して、教科の壁にとらわれないものの見方や、学ぶことの新しいおもしろさを発見してもらえたらうれしく思います。

監修者　齋藤孝

おもな登場人物

算数マン
算数の星から来た頼れるヒーロー。「計算ならぼくにまかせて！」

社会マン
社会の星から来たやさしいヒーロー。趣味は日本全国のお城めぐり。

かずき
算数が好きな小学生。好きな図形は二等辺三角形。

まさし
社会が好きな小学生。好きな戦国武将は上杉謙信。

もくじ

- おつかいで算数も社会も得意になる！ ・・・・・・・・・・・・・・・4
- 広い社会を大きな数でながめてみよう ・・・・・・・・・・・・・8
- 「割合」で見ると社会がよくわかる！ ・・・・・・・・・・・・・・12
- グラフで社会の動きを読み取ろう ・・・・・・・・・・・・・・・18
- 算数と社会で貿易と経済を考える ・・・・・・・・・・・・・・・22
- 地図は算数でできている！ ・・・・・・・・・・・・・・・・・・・・28
- 東京から大阪までの速さと時間 ・・・・・・・・・・・・・・・・32

算数×社会 こぼれ話

- 算数と社会の移り変わり ・・・・・・・・・・・・・・・・・・・・・16
- 数字から社会の変化が見えてくる！ ・・・・・・・・・・・・26

算数パワーと社会パワーを上手に組み合わせて、どっちも得意になっちゃおう！

おつかいで算数も社会も得意になる！

おつかいのときは、どんなことに気をつけたらよいかな？　値段の計算や品物えらびが上手になると、算数と社会も得意になるよ。おつかいから学びのポイントを探してみよう！

学びのポイント

社+算 野菜の値札をじっくり見てみよう

野菜や果物の値札には、値段のほかに、収穫された場所が書いてあります。いろいろな店をまわってじゃがいもの生産地を見てみると、じゃがいもがおもに日本のどんな地域で作られているかがわかってきます。また、セットで売られている商品は、ひとつあたりの値段を計算することで、最もお得な商品がわかります。

社 環境にやさしい製品を探そう

グリーンマーク

グリーンマークは、古紙を使って作られた製品についています。マークを表示することで、限りある資源をむだづかいしないように、リサイクルを進めることを目的としています。このほかにも環境にやさしい製品には、いろいろなマークがついています。

算 割引の計算をマスターしよう

割合を表す数を学ぶと、「○割引き」「値札の○％」のちがいがわかり、実際の値段を正確に計算できるようになります。

社+算 エコバッグでレジ袋をへらそう

レジ袋を1枚作るには、約18.3mLの石油が必要です。日本では1年間に約300億枚のレジ袋が使われているため、多くの石油が消費されています。この量をへらすために、店でレジ袋をもらわずに、エコバッグ（マイバッグ）を使う運動が呼びかけられています。

次のページで、算数と社会にもっとくわしくなろう！

おつかいマスターになろう

おつかいから学べる社会や算数の知識を、もっとくわしく見てみよう。学んだことが活かせると、おつかいも勉強もますます楽しくなるよ！

社＋算 野菜の値札をじっくり見てみよう

野菜の値札からいろんな情報がわかるよ。産地やひとつあたりの値段など、社会と算数、両方の目線から見てみよう。

野菜の産地で 都道府県の特ちょうがわかる！

【おもな野菜の生産量ナンバーワン都道府県】

レタス生産量 1位 長野県 19.3万トン

長野県は夏でも涼しく湿気が少ない気候で、レタスやキャベツなどの高原野菜の栽培に向いている。

じゃがいも生産量 1位 北海道 191.6万トン

北海道では、涼しい気候と広い土地を活かしたじゃがいも作りがさかん。日本でとれるじゃがいもの8割近くが北海道で生産されている。実は近年品種改良が進み、広い耕作地を活かした米作りもさかんだ。

なす生産量 1位 高知県 4万トン

なすやトマトはおもに夏の野菜だが、一年を通して気候の温暖な高知県では、寒い時期にもこうした野菜の収穫ができる。

（2014年）農林水産省

きみが住んでいる地域ではどんな野菜が作られているか、調べてみよう！地域の特ちょうがわかるととてもおもしろいよ。

わり算で どっちがお得かわかる！

値段も個数もちがうから、比べられないよ。

そんなときは、ひとつあたりの値段をわりだしてみよう！

ひとつあたりの値段は、わり算で求められる。

270÷6＝45
ひとつあたり**45円**

320÷8＝40
ひとつあたり**40円**

今回はこっちがお得だね！

社 環境にやさしい製品を探そう

これらは環境に配慮した商品につけられるマークだよ。商品が社会のどんなところに影響をあたえているか考えてみよう。

【グリーンマーク】

古紙を利用して作られた、ノートなどの製品につけられる。

【牛乳パック再利用マーク】

使用ずみの牛乳パックを再利用して作られた製品につけられる。

【エコマーク】

さまざまな観点から、環境への負荷が少ないと認められた製品につけられる。

【省エネラベル】

家電製品のうち、法律で定められた省エネ基準を満たすものにつけられる。

算 割引の計算をマスターしよう

「百分率」や「歩合」という算数の考え方を学んで身につけると、割引で引かれた実際の販売価格を計算できるよ。

どっちが安いのかな？

「4割」は「40%」と同じことだよ。

「1割」は、もとにする数の0.1倍の数を表し、
「1%」は、もとにする数の0.01倍の数を表します。

割合を表す数	1	0.1（$\frac{1}{10}$）	0.01（$\frac{1}{100}$）
百分率	100%	10%	1%
歩合	10割	1割	1分

300円の80%の値段は、　300×0.8＝**240**（円）

400円の4割の金額は、　400×0.4＝160（円）　だから、
4割引きされた値段は、　400－160＝**240**（円）

どっちも同じ240円だ！

▶P.12 「割合」で見ると社会がよくわかる！

社＋算 エコバッグでレジ袋をへらそう

レジ袋のかわりにエコバッグを使うと、むだなごみをへらし、地球環境を守ることにつながるよ。まずは、どのくらいの石油を使っているか、計算してみよう。

Q レジ袋1枚を作るには、約**18.3mL**の石油が使われます。日本では、1年間に約300億枚のレジ袋が使用されています。1年間に使われる石油はどのくらいでしょうか？

◀レジの横にこのような「レジ袋不要カード」が置かれているお店も多い。

A 18.3×300億＝5490億（mL）

1Lは1000mLだから、

5490億÷1000＝**5億4900万**（L）

25mプールに換算すると…

1525杯分！

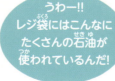
うわー!! レジ袋にはこんなにたくさんの石油が使われているんだ！

レジ袋をへらすと、ごみをへらすだけでなく、石油資源の節約にもつながるんだね。まさに一石二鳥！

算数パワーと社会パワー、両方をうまくつなげると上手におつかいができそうだね！

7

広い社会を大きな数でながめてみよう

世界にはどれくらい多くの人がくらしているんだろう？ 国のお金はどんなことにいくらぐらい使われているんだろう？ 広い社会のことを考えるには、大きな数で考える力がとっても役に立つんだよ。

大きな数と日本の人口

大きな数の位

関連単元：算数4年　1億をこえる数

数の「位」は一→十→百→千と、左へ進むごとに大きくなります。位には万・億など、さまざまな名前がついています。

十億の位	一億の位	千万の位	百万の位	十万の位	一万の位	千の位	百の位	十の位	一の位	
									1	↑10倍
								1	0	↑10倍
							1	0	0	↑10倍
						1	0	0	0	↑10倍
					1	0	0	0	0	↑10倍
				1	0	0	0	0	0	↑10倍
			1	0	0	0	0	0	0	↑10倍
		1	0	0	0	0	0	0	0	↑10倍
	1	0	0	0	0	0	0	0	0	↑10倍
1	0	0	0	0	0	0	0	0	0	↑10倍

「億」よりさらに大きい位もあるんだよ！

兆　京　垓　抒

日本の人口を知ろう

関連単元：社会3・4年　わたしたちの県

「人口」とは、その国や地域にくらしている人の数のことです。日本は、世界で10番目に人口が多い国です。ちなみに、1番人口が多い国は中国で、約13億人がくらしています。

日本の人口　1億2690万4171人
（2015年5月1日現在）総務省統計局

色が濃い場所ほどくらしている人が多い地域だよ。

日本の人口のうち10分の1以上が、東京都に住んでいるなんて驚きだね。

【人口が多い都道府県トップ5】

- 1位　東京都　約1339万人
- 2位　神奈川県　約910万人
- 3位　大阪府　約884万人
- 4位　愛知県　約746万人
- 5位　埼玉県　約724万人

（2014年）総務省統計局

算数と社会をつなげる

1億をこえる大きな数って、いったいどれくらいなんだろう？　身近な数からスタートして、大きな数のイメージをつかんでみよう！

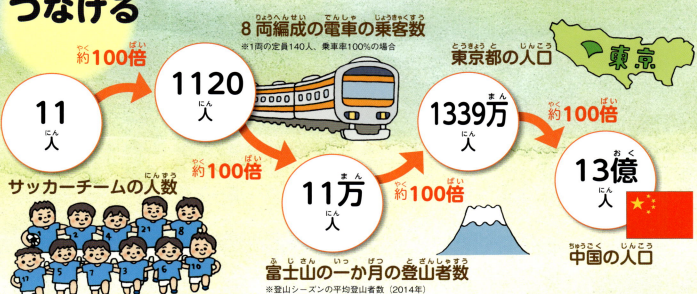

11人（サッカーチームの人数）→約100倍→1120人（8両編成の電車の乗客数　※1両の定員140人、乗車率100％の場合）→約100倍→11万人（富士山の一か月の登山者数　※登山シーズンの平均登山者数（2014年））→約100倍→1339万人（東京都の人口）→約100倍→13億人（中国の人口）

学びのポイント もっとくわしくなろう
世界中の大きな数

人口や金額、面積など、大きな数を通して広い世界をながめると、いろいろなことがわかってくるね。いろんなジャンルの大きな数をたくさん探して、社会の問題を考えてみよう！

約11万4000m² （114000m²）

地球上で現在、1分間に砂漠化している土地の面積

気候変動や森林伐採によって、地球上のさまざまな土地で、植物が育たなくなる「砂漠化」が進んでいる。砂漠化した土地に草木を植える活動も行われているけれど、一度荒れてしまった土地をもとの緑の大地に戻すのはとてもむずかしい。

特に中国の北西部では、砂漠化の進行がいちじるしい。

約870万種 （8700000種）

地球上に生息している生物種の数

地球上にはおそらく870万種以上の生物が生息していると考えられている。しかしその中には、森林伐採や狩猟など、人間の活動によって、絶滅の危機にひんしている貴重な種もたくさんある。一度失われた種の命は二度と取り戻すことはできない。

現在、地球上に野生のトラはたった数千頭しかいないんだって！

現在、2万種近くの生物が絶滅の危機にさらされている。

6億Wh以上 （600000000Wh以上）

1秒間に世界中で消費される電力の量

「Wh」は電力の量を表す単位。たとえば、消費電力が60Wの電球を1時間つけたままにすると、消費電力量は60Whになる。今、全世界では、たった1秒間にその1000万倍もの電力量が使われ続けている。

日本人は、全世界の平均の2倍以上も電気を使っているんだ…。

【ひとりあたりが1年間に使う電力量】

カナダ	1559万
アメリカ	1295万
韓国	1035万
日本	775万
世界平均	297万

（2012年）International Energy Agency　(Wh/人・年)

約13億トン （1300000000トン）

1年間に世界中で捨てられる食べ物の量

野菜の皮や食べ残しなど、世界では毎日たくさんの食べ物が捨てられている。日本国内でも、本来まだ食べられるはずの食べ物が、1年間に約800万トンも捨てられている。その一方、8億人以上の人々がじゅうぶんな食べ物を得られず飢えに苦しんでいるんだ。

日本では毎日、ひとりあたりおにぎり2個分の食べ物を捨てている計算になる。

約73億人　7300000000人
世界の人口

1950年以降、医療の発展などにともない、世界の人口はものすごいスピードでふえている。2050年には、およそ97億人に達すると推定されている。それだけの人口の生活を支える資源や食料をどうやってまかなうか、世界規模の大きな問題になっているんだ。

日本は少子化で人口がへっているけど、世界の人口は年々こんなにふえているんだ。

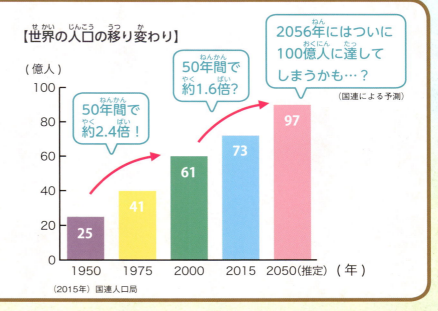

【世界の人口の移り変わり】
- 1950年：25億人
- 1975年：41億人
- 2000年：61億人
- 2015年：73億人
- 2050年（推定）：97億人

50年間で約2.4倍！
50年間で約1.6倍？
2056年にはついに100億人に達してしまうかも…？（国連による予測）

（2015年）国連人口局

約96兆円　96000000000000円
日本の国家予算

国が1年間に得られるお金（歳入）と使うお金（歳出）を、あらかじめ見積もって計算したものを国家予算という。おもに国民から集めた税金は、いろいろな公共サービスなどに使われる。消防署や警察署、小学校などの公共施設も、すべて税金で作られているんだよ。

ぼくのおこづかいの何億年分かな？

歳入 96兆3420億円（2015年度）
- 国民が納める税金・印紙など：56.6%
- 公債金（国債）：38.3%
- その他の収入：5.1%

1053兆円以上！　10530000000000000円以上！
日本の借金

日本の国家予算は、税金だけでは足りず、毎年「国債」という借金をしてまかなわれている。この借金は年々積み重なって、今ではなんと1000兆円以上にもなっている。いつかは返さなければならないが、財政難のため、借金はふえる一方というきびしい状態が今もずっと続いている。

（2015年度）財務省

歳出 96兆3420億円（2015年度）
- わたしたちの健康や生活を守る：32.7%
- 国債の返済や利子：24.3%
- 地方公共団体の財政援助：16.1%
- その他（エネルギー供給・食の安全など）：8.8%
- 道路や住宅などの整備：6.2%
- 教育や科学技術の発展：5.6%
- 国の防衛：5.2%
- 発展途上国の経済援助：0.5%

約1京回　10000000000000000回
スーパーコンピュータ「京」が1秒間に計算できる回数

スーパーコンピュータとは、たくさんの計算がとても速くできるコンピュータのこと。2012年に日本で作られた「京」は、その名のとおり1秒間に1京回も計算できる、世界でトップクラスのスーパーコンピュータだ。もうすでに、地震や台風に関する研究など、さまざまな分野で活躍しはじめている。

「1京」は、1兆の1万倍だよ！

©RIKEN

病気の治療薬を作る研究にも役立つんだって。

「割合」で見ると社会がよくわかる！

「○割」や「○％」といった割合の考え方は、身の回りでもいろいろな場面で使われているよ。割合を使って世の中をながめると、きっと意外なおもしろいことに気がつくよ！

割合ってなんだろう？

飲み物を割合で見てみると…

オレンジジュース

オレンジ果汁 ➡ 100％

オレンジ果汁だけでできたオレンジジュースは、果汁の割合が100％だ。

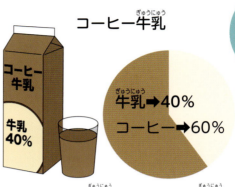

コーヒー牛乳

牛乳 ➡ 40％
コーヒー ➡ 60％

コーヒー牛乳は、コーヒーと牛乳がいろんな割合でまざっている。

「1％」は、全体の量の $\frac{1}{100}$ という意味なんだよ。

世の中の大きな数を比べるときにも、割合の考え方がとっても役に立つよ！

人口を割合で見てみると…

男性 50.4％　女性 49.6％

世界の人口　73億4947万2099人
女性の人口　36億4226万6346人　世界全体の約49.6％
男性の人口　37億720万5753人　世界全体の約50.4％

男性と女性の人口の差を見ると6000万人以上と、大きな差があるように感じるけれど、割合で表すとほぼ50％ずつなんだね。

面積を割合で見てみると…

陸 29％　海 71％

地球の表面積　5億1007万km²
陸の面積　1億4724万km²　世界全体の約29％
海の面積　3億6282万km²　世界全体の約71％

陸よりも海の方がずっと面積の割合が多いんだね！

割合を使って、身近なものから大きな社会までじーっとじっくりながめてみよう！

割合と日本の地形

割合と百分率

関連単元：算数5年　割合と百分率

比べられる量が、もとにする量のどれだけにあたるかを表した数を割合といいます。割合は、次の式で求められます。

割合＝比べられる量÷もとにする量

割合を表す0.01を、1％と表します。％で表した割合のことを「百分率」といいます。割や分で割合を表す「歩合」とともに、よく使われる数の表現です。

上の4人のうち、髪が長い人の割合は…

1 ÷ 4 ＝ 0.25
髪が長い人の人数　全員の人数　髪が長い人の割合

百分率で表すと…

0.25 × 100 ＝ 25 （％）

だから、全体の25％といえる。

国土の地形の特色

関連単元：社会5年　国土の地形の特色

日本は、まわりを海に囲まれている島国です。その国土は山地が多く、平地が少ないことが大きな特ちょうのひとつです。国土の多くの面積は深い森林におおわれています。

	面積（万ha）
森林	2506
農地	454
宅地	192
道路	137
水面・河川・水路	134
原野など	34
そのほか	323

（2013年）国土交通省

日本の国土の中央には、高い山脈がまるで太いせぼねのように連なっているんだよ。

算数と社会をつなげる

日本の国土全体の面積と森林の面積がわかれば、森林の割合を計算できるね。百分率で表すとイメージをつかみやすいよ。

日本は、世界で19番目に森林の割合が大きい国なんだって。

世界一はスリナム共和国。なんと国土面積の98.3％が森林なんだよ！

※スリナム共和国は南アメリカ大陸のブラジルの隣国。首都はパラマリボ。

森林の面積（km²）	国土面積（km²）	森林の割合
250600	377962	約66％

比べられる量　もとにする量

割合＝比べられる量÷もとにする量　だから、森林の割合は…

250600 ÷ 377962 ＝ 0.66
森林の面積　国土面積　森林の割合

百分率で表すと…

0.66 × 100 ＝ 66 （％）

66％

まず小数で割合を求めて、その値に100をかけると百分率（％）になるね！

13

学びのポイント もっとくわしくなろう
割合を利用して比べよう

食料自給率など、社会には割合を使った考え方がたくさんあるよ。身の回りのおもしろい「○○率」を探して、社会の問題を考えてみよう！

約39％

日本の食料自給率

食料自給率とは、国内で食べられる食料のうち、国内で生産されたものの割合のこと。日本の食料自給率は米以外とても低く、全体で39％ほど。私たちが毎日食べる食事の60％以上は、海外から輸入した食料に頼っていることになる。

【品目別の食料自給率】（2014年度）農林水産省

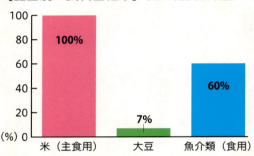

米（主食用）100％／大豆 7％／魚介類（食用）60％

おしょうゆや味噌、豆腐などの原料になる大豆も、ほとんどが外国からの輸入品なんだね。

一見、日本で作られているように思われている食品も、その原料や動物の飼料は多くの割合を外国に頼っているんだよ。

↓ もしも外国からの食料輸入がストップしたら…

私たちの食事はどうなっちゃうんだろう？

約26％

日本の高齢化率

人口全体のうち、65歳以上の高齢者の割合を「高齢化率」という。日本全体で見ると高齢化率は約25％で、国民の4人にひとりが65歳以上の計算だ。都道府県ごとに比べてみると、高齢化率には大きな地域差がある。

【高齢化率が高い＆低い都道府県ランキング】（2014年）総務省統計局

1位 秋田県…32.6％
秋田県では毎年約1万人ずつ人口がへっており、それにともなって高齢化率も大きく上昇している。

46位 東京都…22.5％
たくさんの会社や学校がある東京都には、学生や社会人など毎年若い世代の人々が多く移り住んでくるため、近年の高齢化率は常に低め。

47位 沖縄県…19.0％
高齢化率が日本一低い沖縄県。実は、女性ひとりが産む子どもの平均人数（合計特殊出生率）が全国で最も多い県なんだ。

3位 島根県…31.8％
就職をきっかけに県外へ出て行く人が多い。

2位 高知県…32.2％
20才〜24才の若い世代の多くが県外へ移住している。

45位 愛知県…23.2％
県外の若い人々が、名古屋を中心に移り住んでくるため。

コラム

世界の人口が100人だったら？

割合の考え方を応用して、世界を少しちがった視点からながめてみよう。

> 数が大きすぎてとらえにくい問題も、割合を使って身近な量や長さにあてはめてみると、ぐっと実感しやすくなるよ。

もとにする量（世界の人口）を100人とする

世界にもし100人しかいなかったら…

年齢

子ども 26人

大人 74人

高齢者 8人

26人が14歳以下の子どもで、74人が大人。そのうち8人が、65歳以上の高齢者だ。

教育

大学へ行く人 2人

字の読み書きができない人 16人

大学の教育を受けられているのは、実はたったのふたりだけ。その一方で、字の読み書きができない人が16人もいる。

食料問題

栄養失調 11人

肥満 13人

11人は常に栄養がじゅうぶんでない状態。一方、13人は太りすぎ…。

もとにする量（地球の水の量）を浴槽1杯分とする

地球全体の水の量をおふろの水で考えてみると…

私たちが飲んだり、顔を洗ったり、生活に利用できる水の量は、たったのスプーン1杯分にしかならない。地球は水が豊富な惑星だが、その大部分が海水で、人が利用しやすい状態で存在する淡水は全体のわずか0.01％しかないんだ。限りある資源をどのように使うべきか、今後よく考えていきたいね。

地球全体の水の量は約1400兆リットルもあると言われているけれど、そのほとんどは海の水なんだ。

0.01%

日本でくらしているとわからないけれど、世界から見ると水はとてもとても貴重なもの。じゅうぶんに水が使えない国々もたくさんあるんだ。

もとにする量（46億年）を1年間とする

地球の歴史を1年間にちぢめると…

地球の誕生を1月1日の0時、今現在を12月31日の24時だとすると、私たち現生人類が誕生したのは、12月31日の23時37分ごろ。地球の誕生が今からおよそ46億年前なのに対して、現生人類の誕生はたったの20万年前。人類の歴史は、長い地球の歴史から見るとわずか0.005％にもみたない長さなんだ。

1月1日 地球誕生
1月16日 海の誕生

3月4日 最古の生命が誕生？

11月25日〜27日 陸上に植物が登場
11月30日 昆虫の誕生

12月31日 午後11時37分 ホモ・サピエンス（現在の人類）の誕生

12月15日〜26日 恐竜のはん栄

1月　2月　3月　11月　12月

15

算数と社会の移り変わり

算数×社会 こぼれ話 1

ふだん使っている数字や計算方法も、長い人間の歴史の中で発展してきたものなんだよ。同じ時代の日本の歴史と比べながら、人類の算数の歴史を見てみよう！

そのころ日本では

紀元前4000年ごろ
縄文時代
紀元前1万年〜紀元前400年ごろ

人々はたて穴住居に住み、狩猟・採集などをして生活していた。このころの日本でどのような算数が使われていたかは、あまりくわしくわかっていない。

紀元前45年ごろ
弥生時代
紀元前400年〜300年ごろ

稲作がはじまり、青銅器や鉄器などの金属器が伝わった。農業を行うために、太陽や星の動きを見て一年の季節を把握していたと考えられる。

600年ごろ
飛鳥時代
593ごろ〜645年ごろ

聖徳太子（574〜622年）
聖徳太子が中国に遣隋使をおくり、中国の算数や暦が日本に伝わった。「九九」なども、このころ中国から伝わったといわれている。

紀元前4000年ごろ
数字の発明

農業がはじまり、ものの売り買いがさかんになると、人々は品物などの数を目に見える数字で記録するようになった。古代バビロニア王国では「くさび形文字」という数字が発明された。古代エジプトでは植物などをかたどった数字が使われ、古代ローマではローマ字で数を表したよ。

紀元前3000年ごろ
幾何学のはじまり

土地の面積をはかったりするために、幾何学（図形にまつわる算数）が誕生した。古代エジプトの人々は一本のなわで直角三角形を作る方法を知っており、それを利用して土地の面積を求めていたんだ。

> 暦は、農業など生活を営むために欠かせないものだったんだよ。

紀元前45年
ユリウス暦のはじまり

古代ローマの政治家ユリウス・カエサルは、太陽の動きをもとにして暦を作った。地球は太陽の周りを365.2422日かけて回っている。ユリウス暦では1年を365日として、4年ごとに閏年を入れ、ずれを修正している。現在世界で使われているグレゴリオ暦も、このユリウス暦がもとになっているんだ。

> 日本では長い間、中国から伝わった暦を使っていたんだ。

600年ごろ
「0」の発明

インドではじめて「0」という数が発明された。実はそれ以前には、なにもないことを表す数は必要ないと考えられていたんだ。けれど0があることで、数字の並ぶ位置で位を表す「位取り記数法」が使えるようになり、計算がとても簡単になったんだよ。「0」はインドからアラビア、ヨーロッパ、やがては全世界へと広まっていった。

	1	2	3	10	100	1000
古代バビロニア	∀	∀∀	∀∀∀	＜	∀＞	＜∀＞
古代エジプト	l	ll	lll	∩	ℓ	𝕃
古代ローマ	I	II	III	X	C	M

> ローマ数字は、今も時計の文字盤などで見かけるね。

辺の長さの比が3：4：5の三角形は必ず直角三角形になる。古代エジプト人はなわに結び目をつけて12等分し、直角三角形を作ったんだって！

ユリウス・カエサル（紀元前100〜紀元前44年）

```
  203        ℓℓlll
×   4      ×  llll
─────      ──────
  812          ?
```

「0」を使った位取り記数法では、筆算も簡単にできる。古代エジプトのような数字だと筆算はできないね。

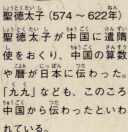

1580年ごろ
安土・桃山時代
1568〜1600年

豊臣秀吉（1537〜1598年）
天下統一を果たした豊臣秀吉は、ばらばらだった長さや面積の単位を統一した。検地をして全国の農地の面積をはかり、共通基準にもとづいた年貢の量を決定した。

1800年ごろ
江戸時代
1603〜1867年

関孝和（1640ごろ〜1708年）
鎖国をしていた江戸時代には、数学者の関孝和が日本独自の算数（和算）を発展させた。吉田光由の数学書「塵劫記」がベストセラーになるなど、和算は多くの人に親しまれていた。

1900年ごろ
明治時代
1868〜1912年

開国して海外の国々と交流する中で、ヨーロッパなどの算数（洋算）が日本に伝わった。しだいに和算はすたれて、日本でも洋算が算数の中心になっていった。

1950年ごろ
昭和時代
1926〜1989年

テレビや洗濯機、冷蔵庫などの家庭電化製品が少しずつ広まった。1970年ごろから、日本でもコンピュータが普及しはじめた。

1202年ごろ
分数のはじまり
古代エジプトなどでは、分数は特別な記号を使って表現されていた。現在のような分数の書き方がいつ誕生したかははっきりしていないが、1202年にイタリアのフィボナッチが書いた「算盤の書」には、現在の形に近い分数が登場しているという。

1585年
小数のはじまり
ベルギーの数学者ステビンは、0.1を1①、0.01を1②…として、1よりも小さい数を書き表す方法を考えた。この考え方が発展して、現在のような小数が作られたんだ。ちなみにこれよりもずっと前から、中国では「分」や「厘」などの文字を使って小数を表していた。これは日本にも伝わって、平安時代から使われていたんだよ。p.7の「歩合」もそこから来ている考え方だ。

日本で、本格的にメートル法が広まったのは第二次世界大戦後の1951年ごろから。まだ日本の歴史ではつい最近のことなんだね。

1800年ごろ
「メートル」の誕生
フランスの政府は、ばらばらだった長さの単位を世界共通のひとつの単位にしようと考えた。赤道から北極までの長さをはかり、その1000万分の1を「1メートル」と決めた。メートルの単位は1799年にフランスで使われだしたが、最初はなかなかみんなに受け入れられなかった。100年近い時をかけ、1889年以降、ようやく世界に広まっていったんだ。

それまでは1里、1町、1寸…など、基準がばらばらの長さの単位を使っていたんだ。

1950年ごろ
コンピュータの基礎ができる
1950年、数学者ノイマンらによって、世界初のプログラム内蔵方式コンピュータ「EDVAC」が発明された。これはコンピュータにプログラムを覚えさせることで、計算の種類が変わってもすばやく計算できるという画期的なしくみで、現在のコンピュータの基礎になっているよ。

【古代エジプトの分数】

$\frac{1}{2}$ ←→ 〳

$\frac{2}{3}$ ←→ 〇

$\frac{1}{5}$ ←→ 〇

【現在の小数】
38.542

【ステビンの小数】
38 ⓪ 5 ① 4 ② 2 ③

ステビンの小数はどうやって声に出して読んでいたのかな？

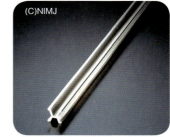

1mの基準として用いられたメートル原器。

昔のコンピュータは、こんなに大きかったんだね！

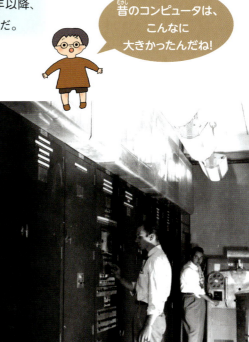

グラフで社会の動きを読み取ろう

人口や面積など、社会を学ぶ上で数字を使ったデータは必要不可欠なもの。社会のさまざまなデータから情報を読み取るときには、ただ数字をならべるよりも、グラフがとっても強い味方になってくれるよ。

グラフとごみ問題

折れ線グラフ

関連単元：算数4年　折れ線グラフ

点と点どうしを直線で結んだグラフを折れ線グラフといいます。折れ線グラフは、たとえば月ごとの気温など、変わっていくものの変化のようすを表すのに向いているグラフです。

【1年間の気温の変わり方（平年値）】

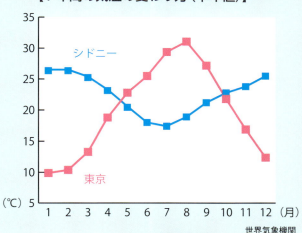

世界気象機関

> 東京とシドニーでは、暑い時期と寒い時期が正反対であることが一目でよくわかるね。

日本のごみ排出量

関連単元：社会3・4年　ごみの処理と利用

日本では毎日たくさんのごみが捨てられており、ごみの処理にもたくさんの税金が使われています。リサイクルに関する法律を定めたり、ごみ袋を有料にしたりと、国や自治体によってごみをへらすためのさまざまな取り組みが行われています。

	年間のごみ総排出量	ひとりの1日あたりのごみ排出量
2007年度	5082万トン	1089g
2008年度	4811万トン	1033g
2009年度	4625万トン	994g
2010年度	4536万トン	976g
2011年度	4539万トン	975g
2012年度	4523万トン	964g
2013年度	4487万トン	958g

> この表って、グラフで表すと変化がわかりやすいんじゃないかな？

算数と社会をつなげる

ごみの排出量の移り変わりを、折れ線グラフで表してみよう。線のかたむき方を見ると、ごみがふえた年とへった年の変わり方がよくわかるね。

グラフを読むポイント！

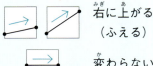
右に上がる（ふえる）

変わらない

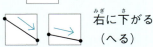
右に下がる（へる）

線のかたむきが急であるほど、変わり方が大きいことを表しています。

【年間ごみ総排出量の移り変わり】

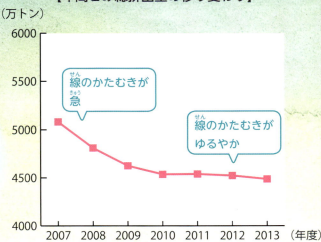

環境省

> 2010年までは順調にへっているよ。

> あれあれ？へり方がだんだん小さくなっているね。もっとごみをへらすにはどんな取り組みをしたらいいのかな？

19

学びのポイント もっとくわしくなろう
いろんなグラフを使おう

グラフにはいろいろな種類があるんだよ。データに合わせて最適なグラフを使えば、社会にも算数にも強くなれる。きみも今日からグラフマスターだ！

棒グラフなら、いろんな値が比べやすい！

都道府県ごとの米の生産量を、棒グラフで見てみよう。水が豊富な北海道や東北地方では、特に米作りがさかんであることがわかる。

米の生産量が多い都道府県ランキング
- 1位 新潟県…65万6900トン
- 2位 北海道…64万0500トン
- 3位 秋田県…54万6500トン
- 4位 山形県…42万3000トン
- 5位 茨城県…41万2000トン

【都道府県ごとの米の生産量】

(棒グラフ：新潟県66、北海道64、秋田県55、山形県42、茨城県41、宮城県40、福島県38、栃木県34、千葉県34、岩手県31／単位：万トン)

（2014年）総務省統計局

柱状グラフなら、データの広がり方がよくわかる！

【日本の人口ピラミッド】
女／男　100歳以上〜0〜9歳
1000 800 600 400 200 0　0 200 400 600 800 1000 (10万人)
（2015年）総務省統計局

年齢ごとの男女別の人口を、横向きの柱状グラフで表したものが人口ピラミッドだ。まるで絵のように、グラフ全体の形から、その社会の特ちょうが読み取れるよ。

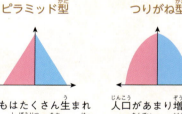

ピラミッド型　子どもはたくさん生まれるが、死亡率が高い。発展途上国に多い形。

つりがね型　人口があまり増減せず、安定した形。

つぼ型　高齢者の死亡率が低く、少子高齢化が進んだ形。

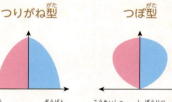
今の日本はつぼ型に近くなってきているね。

積み上げ棒グラフなら、変化とうちわけが両方わかって一石二鳥！

農業で働く人の数は年々へっている。特に若い人の農業離れによって、働き手の高齢化が深刻だ。1980年には、農業で働く人の5割以上が59歳以下だったのに対し、2010年にはおよそ7割が60歳以上の高齢者になっているのが、グラフを見るとよくわかる。

【農業で働く人の年齢別の人数】

(積み上げ棒グラフ：1980年、1990年、2000年、2010年／単位：万人)

凡例：60歳〜／50〜59歳／40〜49歳／30〜39歳／20〜29歳／〜19歳

農林水産省

ぼくたちの大事な食を支える農業。このまま高齢化が進み続けたら、一体どうなっちゃうのかな。

20

円グラフなら、割合が一目で理解できる！

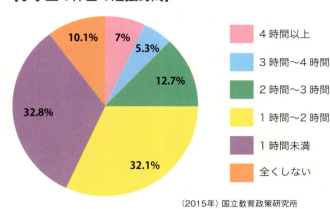
【小学生の休日の勉強時間】
- 4時間以上 7%
- 3時間〜4時間 5.3%
- 2時間〜3時間 12.7%
- 1時間〜2時間 32.1%
- 1時間未満 32.8%
- 全くしない 10.1%

（2015年）国立教育政策研究所

2015年に全国の小学生を対象に行われた調査では、全体の約57％、半分以上の小学生が、休日でも1時間以上勉強しているという結果になった。一方で、休日は全く勉強しないという小学生も全体の1割以上いることが読み取れる。

みんな、休日もけっこう勉強しているんだ！きみはどうかな？

円グラフや帯グラフは、全体に対する割合を見て取るのに便利なグラフだね。

さらに円グラフは割合のうちわけを、帯グラフは割合の変化を目で見て読み取ることに優れているよ。

帯グラフなら、割合を比べやすい！

日本で作られる電力は、火力発電によるものがほとんどをしめている。2011年の福島第一原子力発電所の事故が起きたあと、原子力発電の割合が大幅にへり、太陽光発電や風力発電など再生可能エネルギーがさらに熱く注目を集めるようになった。

発電方法の割合の移り変わるようすがよくわかるね！

【日本の発電量のうちわけ】

年度	水力	火力	原子力	太陽光・風力など
2000	9	61	30	0.3
2005	7	66	26	0.4
2010	8	67	25	0.6
2011	8	82	9	0.7
2012	8	90	1	0.7
2013	8	91	1	0.8

日本国勢図会 第73版

コラム グラフの嘘を見やぶろう

グラフの書き方や見せ方によっては、事実とことなる印象をあたえることもできる。グラフの使い方をよく勉強して、きみはグラフの嘘にだまされないように注意しよう。

▲グラフの中心を、円の中心よりも上にずらした円グラフ。下にあるおうぎ形の部分が実際よりも大きな面積に見えるから、割合も多い印象をあたえてしまう。

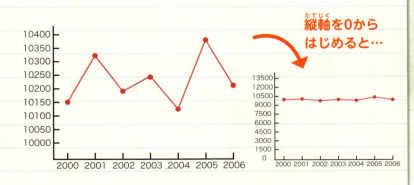

▲縦軸の下が極端に省略された折れ線グラフ。数字の変化量が小さいのに、折れ線のかたむきがはげしく見えるため、実際よりも変化量が大きい印象をあたえてしまう。

算数と社会で 貿易と経済を考える

貿易は、国と国どうしで商品を売買すること。国にとって、とても大事な経済活動だ。社会と算数を組み合わせて考えると、世の中がお金によってどのように動いているのか、よくわかるようになるよ。

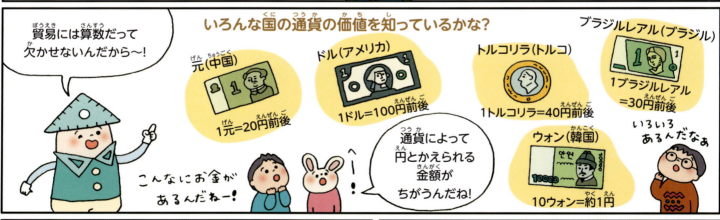

文字式と日本の貿易

文字を使った計算

関連単元：算数6年　文字と式

いろいろと変わる数のかわりに、xやyなどの文字を使って計算式を表すことがあります。

1本x円のえんぴつを10本買ったときの代金y円は、xと10を使って
　　$y = x \times 10$　と表せます。

xの値が50（円）、60（円）のとき、yの値は…

$x = 50 \rightarrow y = 50 \times 10 = 500$（円）
$x = 60 \rightarrow y = 60 \times 10 = 600$（円）

1本の値段をxで表すと、1本の値段が何円でも、代金を式に表すことができます。

日本の輸入・輸出の特色

関連単元：社会5年　工業生産と貿易

外国から商品を買うことを輸入、外国に商品を売ることを輸出といいます。日本は燃料をはじめ、いろいろな品物を輸入しています。また、機械類や自動車などの精密機器を数多く輸出しています。

【輸入品の取りあつかい額のうちわけ】

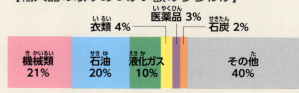

輸入総額　85兆9091億円

【輸出品の取りあつかい額のうちわけ】

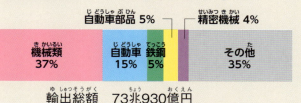

輸出総額　73兆930億円

（2014年）日本国勢図会 第73版

算数と社会をつなげる

日本からアメリカへの2014年の輸出額は、1年間で約13兆6500億円。この輸出額を、円からドルに両替するといくらになるのかな？

1ドルあたり x円のとき、1ドル＝x円
13兆6500億円をドルに両替すると、yドルになる、とする。

ドルや円の値段は、それぞれ常に毎日変化しているんだって。

① yを求める式を、xを使って表す。
$y = 13650000000000 \div x$

xの値がわかれば、yの値がわかる！

② 1ドルあたり107円だとすると、x＝107だから…
$y = 13650000000000 \div 107$
$= 127570093458$　　だから、**約1276億ドル**

文字を使って表すと、1ドルあたり何円のときでも計算式にしやすいね！

学びのポイント もっとくわしくなろう
貿易と経済のひみつ

経済とは、お金を使ったりかせいだりする活動のこと。人や国の間で多くのお金や商品がやりとりされて、社会がまわっているんだよ。

「円安」「円高」はどっちがお得？

日本では円、中国では元など、世界の国々ではいろいろな通貨が使われている。中でも、アメリカのドルは「世界のお金」とも言われ、各国のお金に対する価値の基準となっており、「1ドルあたりいくら」という形で表現される。

円高 ↕ 円安		
1ドル= 80円のとき	1ドルのおかしを80円で買える	→ 円の価値が高い だから円高
1ドル= 100円のとき	1ドルのおかしを買うのに100円かかる	
1ドル= 125円のとき	1ドルのおかしを買うのに125円もかかる	→ 円の価値が低い だから円安

円の価値が上がることを「円高になる」といい、円の価値が下がることを「円安になる」というよ。どちらにもいい面と悪い面があるんだ。

	1ドル= 80円のとき…	1ドル= 125円のとき…
輸出すると	1台100万円の車を輸出するとアメリカでは1万2500ドルになる	1台100万円の車を輸出するとアメリカでは8000ドルになる ㊙ 安いのでたくさんの台数が売れやすく、日本にとっては輸出に有利
輸入すると	1万ドルの小麦を輸入するのに80万円かかる ㊙ 同じ価値（量）の小麦を安く買えるので、日本にとっては輸入に有利	1万ドルの小麦を輸入するのに125万円かかる
海外旅行に行くと	1万円をドルに両替すると125ドルになる ㊙ 円安のときより手持ちのお金がふえるので、おみやげや食べ物を現地でたくさん買うことができるよ	1万円をドルに両替すると80ドルになる

1ドル80円と125円のときではその差額は45円。海外旅行に行って、100ドルのゲームを買うと、45円×100で4500円も差がついちゃう！だからみんな円高のときに海外旅行に行くんだね。

円安のときは逆に、海外から日本へ旅行に来る人がふえるんだって。

どうして円の価値が変わるの？

お金の価値の変化には、貿易の動き自体も深く関わっている。たとえば、日本の自動車をアメリカに輸出するとドルで代金が支払われる。ドルを受けとった日本の会社は、ドルを円に交換する。自動車がたくさん売れれば、円もたくさん必要になる。円を必要とする人がふえるほど、円の価値が高まって「円高」になる。つまり、輸入より輸出が多いときは円高になりやすく、反対に輸出より輸入が多いときは円安になりやすい。通貨の価値は国の経済力の強さにも比例しているんだ。

パンの値段が変わるのはなぜ？

パンダさんが、パンが80円も値上がりしたって困っていたよ。

ふだんの買い物も、世界の経済と深くかかわっているんだ！

たとえば、雨不足などで小麦の収穫量が少なかった年には、小麦の値段が上がることがある。売り出される量が少ないと小麦がなかなか手に入らなくなり、「高くても貴重だから買いたい」と考える人がふえるため、小麦の値段が上がってゆく。

円安・円高も、ものの値段に関わっている。たとえば日本で使われている小麦粉は、およそ9割がアメリカやカナダからの輸入品だ。円安になると、同じ量の小麦を輸入するのにより多くのお金がかかるため、小麦粉から作られるパンやおかしも一緒に値上がりしやすくなるんだ。

日本の貿易相手を割合で見てみると…

【相手国ごとの輸出額の割合】
台湾 6%　香港 6%　タイ 5%
アメリカ 19%　中国 18%　韓国 8%　その他 40%

【相手国ごとの輸入額の割合】
アメリカ 9%　サウジアラビア 6%
中国 22%　カタール 4%　その他 48%
オーストラリア 6%　アラブ首長国連邦 5%

最大の輸出相手国であるアメリカには、おもに自動車や自動車の部品を輸出している。中国などアジア地域の国々には、電化製品に使われる半導体を多く輸出している。

中国からは衣類、アメリカからはとうもろこしや小麦などを多く輸入している。また、オーストラリアからは液化天然ガス、サウジアラビアからは石油を主に輸入している。

(2014年) 日本国勢図会 第73版

アメリカや中国とは輸入も輸出も関わりが深いね。また、日本からの輸出相手は、特にアジアの国々が多いね。

中国　韓国　カタール　台湾　香港　アメリカ　サウジアラビア　タイ　アラブ首長国連邦　オーストラリア

相手の国との輸入と輸出のバランスがとれている国もあれば、輸入だけ、輸出だけ多い国もあるね。

コラム　TPPで貿易が変わる？

TPP、ニュースで聞いたことがあるかな？

海外に商品を輸出・輸入するときには、ふつう「関税」という税金がかかる。この関税を低くして、もっと自由に貿易をしようという新しいルールが「TPP協定」だ。日本やアメリカ、オーストラリア、シンガポールなどの12か国がルール作りに参加している。関税が低くなると、たくさんのものを輸入・輸出しやすくなる。しかし、たとえば外国産の安い食品がたくさん輸入されるようになると、日本の国内産の食品が売れなくなるかもしれない。そうなると、日本の農業がすたれてしまう可能性もあるのではという意見もあり、立場によって考えが大きくことなる問題なんだ。

算数×社会 こぼれ話2 　数字から社会の変化が見えてくる！

世の中の状況を数字によって表したものを、「統計」というよ。統計の数字の変化をよく見れば、社会の移り変わりのようすが手に取るようにわかっちゃうんだ！

子どもをとりまく環境が変わった！

【合計特殊出生率】

3分の1以下になった！

1925年　5.11 → 2014年　1.42

「合計特殊出生率」とは、女性ひとりが一生涯で産む子どもの人数を平均した数字。出生率がここまで下がった背景には、独身の人がふえたことや、結婚する年齢が高くなったこと、核家族化など、子どもを育てる家庭環境や社会の大きな変化がある。

【ひとりっ子の割合】

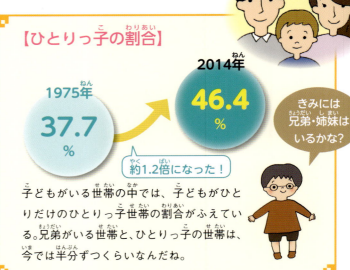

1975年　37.7％ → 2014年　46.4％

約1.2倍になった！

きみには兄弟・姉妹はいるかな？

子どもがいる世帯の中では、子どもがひとりだけのひとりっ子世帯の割合がふえている。兄弟がいる世帯と、ひとりっ子の世帯は、今では半分ずつくらいなんだね。

【全国の小学生の人数】

半分近くへった！

1955年　1227万人 → 2015年　654万人

60年前と比べて、小学生の数は半分近くまでへってしまっている。実は毎年、小学生の数は6～10万人もへっている。近年では、小学生の数の減少にともない、小学校の数も毎年300校近くも少なくなっているんだ。

【小学校の1クラスの人数】

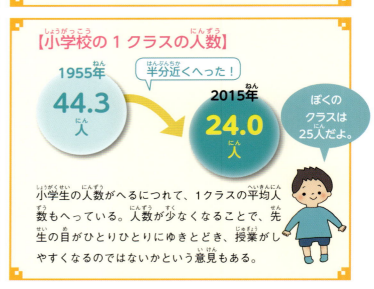

半分近くへった！

1955年　44.3人 → 2015年　24.0人

ぼくのクラスは25人だよ。

小学生の人数がへるにつれて、1クラスの平均人数もへっている。人数が少なくなることで、先生の目がひとりひとりにゆきとどき、授業がしやすくなるのではないかという意見もある。

【選挙権を持つ年齢】

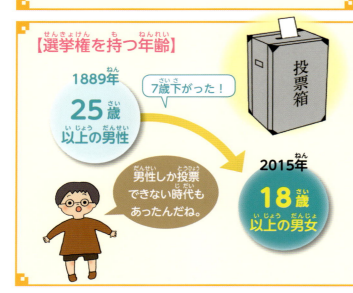

1889年　25歳以上の男性 → 2015年　18歳以上の男女

7歳下がった！

男性しか投票できない時代もあったんだね。

2015年、選挙に投票できる年齢が、それまでの20歳から18歳へ引き下げられた。少子高齢化により、若い世代の意見が政治に反映されにくくなっていることも、理由のひとつだと言われている。選挙権をもつ年齢や条件は、普通選挙がはじまった1889年から、長い時間をかけて大きく移り変わってきた。選挙権という大切な権利をこの機会によく考えてみよう。

今は20歳以上が「成人」とされているけれど、選挙権の年齢とあわせて、18歳から「成人」にしようという議論もされているよ。

日本人の「食」が変わった！

【米の消費量】

1965年度 ひとりあたり **111.7 kg**

半分近くへった！

2013年度 ひとりあたり **56.9 kg**

日本人ひとりあたりのお米の消費量は、約50年間にわたってへり続けている。その背景には、日本人の食生活の大きな変化がある。お米を含む主食自体の消費量がへっており、かわりに肉類や乳製品の消費量が飛躍的にふえている。

【小麦の消費量】

2013年度 ひとりあたり **32.7 kg**

1965年度 ひとりあたり **29 kg**

3kg以上ふえた！

主食のうち、お米のしめる割合が大きくへる一方で、小麦から作られるパンやめん類の消費量がどんどんふえている。1960年代以降、洋風の食生活がどんどん広まり、小麦だけでなく牛乳やバターなどの乳製品の消費量もふえているんだ。

【食料自給率】

1960年度 **79%**

約半分に下がった！

2014年度 **39%**

日本の食料自給率は年々下がっており、先進国の中でもかなり低い。人が食べる食料はもちろん、ブタやウシなど家畜を育てるための飼料も、その多くを輸入に頼っているんだ。

【食品の輸入量】

2005年 **3400万トン**

1975年 **2100万トン**

約1.2倍にふえた！

食料自給率が下がるのにともなって、食品の輸入量もふえている。しかし、日本は諸外国からたくさんの食料を輸入している一方で、1年間におよそ1700万トンもの食料を食べることなく廃棄しているんだ。

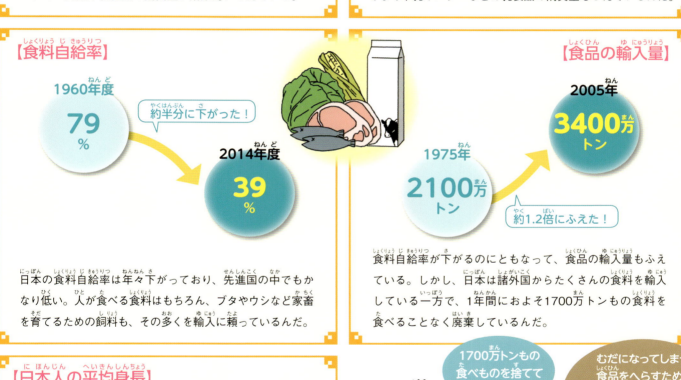

【日本人の平均身長】

江戸〜明治時代 男性 **155cm** (推定)

2012年度 成人男性 **167.2cm**

10cm以上伸びた！

江戸時代の人々は、あまり肉を食べず穀物中心の食事だったことなどが影響して、今より身長が低かったと考えられている。明治時代からは牛乳や肉なども多く食べられるようになり、日本人の発育も飛躍的によくなって、平均身長も高くなってきた。

1700万トンもの食べものを捨てているなんて！

むだになってしまう食品をへらすため、「食品リサイクル法」という新しい法律も作られているんだよ。

地図は算数でできている！

学校の授業やテレビ、ネットを通して、天気予報や世界の出来事などを知るために、毎日いろんな地図を目にするよね。実は、私たちが見ている地図には、算数のひみつがかくされているんだよ。

学びのポイント
展開図と地図

展開図
関連単元：算数5年　角柱と円柱の展開図

立体を辺にそって切り開き、平面の上に広げた図のことを、展開図といいます。

> サッカーボールは五角形と六角形の生地をぬって作られているんだ!

> 円錐の展開図は、とても変わった形になるね。

地図と地球儀
関連単元：社会5年　地球儀を使いこなそう

地球儀は、地球の形をほぼそのまま小さくしたものです。陸や海の形・面積・方位・距離などを、正しく表すことができます。

地図は、球形の地球を平面に表しているのでどうしてもどこかにゆがみが出ます。そのため、形・面積・方位・距離など、すべての要素を同時に正しく表すことはできません。なにを正しく調べたいかによって、最適な種類の地図をえらぶことが大切です。

地球儀のよい点
・陸地などの形や面積、地表の距離が正しい。
・都市から都市への方位が正しい。

地図のよい点
・全世界を一度に見ることができる。
・ある地域だけを拡大して見ることができる。
・持ち運びに便利。

算数と社会をつなげる

地球を平面の地図に表すにはいろいろな方法がある。地球を多面体とみて、展開図を作ることで、こんな面白い形の地図もできるんだよ。

> 社会の地図作りにも、算数の展開図の考え方が使われているんだね!

地球は球の形なので、そのまま展開図を作ることはできない。

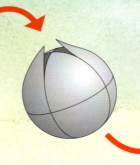

地球を8つの三角形でできた多面体と見て、展開図にすると…

建築家のバーナード・キャヒルが考案した世界地図。その形が蝶に似ていることから「バタフライマップ」とも呼ばれる。

29

学びのポイント もっとくわしくなろう
地図の世界を楽しもう

前のページやここで紹介したもののほかにも、たくさんの種類の地図が使われているよ。身の回りのおもしろい地図をぜひ探してみよう！

いろいろな世界地図

地球を地図にえがく方法（図法）には、いろいろな種類がある。それぞれの図法には長所と短所があるよ。

円筒図法

なんとこの地図では、グリーンランドの面積が実際より17倍も大きくえがかれてしまう。

円筒図法のひとつ、わたしたちが最もよく目にするメルカトル図法の地図。

地球に円筒を巻きつけ、そこに地球を写すようにして地図をえがく方法を「円筒図法」という。筒を切り開くと長方形になるので、地図は使いやすい長方形となる。この地図は、経線と緯線が直角に交わるため位置を確かめやすく、航海のときに役立つ。その一方で、南極・北極に近づくほど面積が実際よりも大きくえがかれてしまうという欠点がある。

円錐図法

正距円錐図法の地図。

地球に円錐をかぶせるようにして地図をえがく方法を「円錐図法」という。正距円錐図法では、経線にそった縦方向の距離が正しく表され、全体のゆがみを比較的小さくできる。一方、横方向の距離は円錐の外側では拡大され、内側では縮小されてしまう。円錐の展開図はおうぎ形になり、地図全体もおうぎ形になるので、地球全体をえがくよりもよりせまい地域を見る地方図に向いている。

方位図法

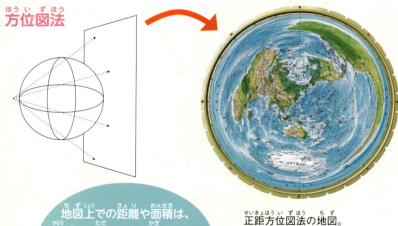

正距方位図法の地図。

ある一点から地球に光を当てて、その影を写しとるようにして地図をえがく方法を「方位図法」という。球体である地球を平面に投影しているので、円形の地図になる。正距方位図法は、図の中心から各地点への方位と距離は正しくなるが、中心点から遠くはなれればはなれるほど、面積や形のゆがみが大きくなるという欠点がある。

地図上での距離や面積は、必ずしも正しいとは限らない。その地図の長所と短所をわかっていれば、ふさわしい地図がえらべるね！

国際連合の旗には、正距方位図法の世界地図がデザインされている。この地図は北極を中心にえがかれているんだよ。

コラム まだまだあるよ、こんな地図

電車の路線図

電車などの路線図では、駅と駅の間の距離や方角はあまり正しくない。それは駅の正確な位置よりも、駅と路線のつながりをわかりやすく表すための地図だからだ。路線図は乗りかえる時に駅から駅までのルートがわかりやすいようにできている。また、各路線を区別して覚えやすいように色や線を工夫して作られている。目的によって地図の作り方や大事なポイントも変わるんだね。

星図

星座の位置がわかるよ！

星図とは、星の位置をわかりやすく表した図のこと。星が地球を中心とした「天球」にはりついていると考え、その天球を平面上に描いている。いわば星空の地図のようなものだね。地上から空を見上げた形になるので、ふつうの地図とは、東と西の方角が逆になっているよ。

コラム 地図はどうやって作るの？

飛行機がない時代には、今のように正確な土地の形を知ることがとてもむずかしかった。江戸時代に、日本ではじめて正確な地図を作ったのが伊能忠敬だ。江戸で天文学などを学んだ忠敬は、海岸沿いを一定の歩幅で歩いて距離を計算し、こまめに方角をはかるという地道な作業をくりかえした。17年間もかけて日本全国を歩いて測量し、『大日本沿海輿地全図』という日本地図を完成させた。この地図はきわめて精度が高く、ヨーロッパでも高い評価を受けたという。現在の地図は、航空写真をもとにしてコンピュータで作られているけれど、道の幅や建物の種類といった細かい情報を集めるときには、江戸時代の伊能忠敬と同じく実際にその土地を地道に歩いて調査しているんだよ。

千葉県香取市　伊能忠敬記念館所蔵

伊能忠敬（1745〜1818年）

とても細かいね。人間が歩いて作ったとは思えない正確さだ。

伊能忠敬らが作った、琵琶湖（滋賀県）付近の地図。

千葉県香取市　伊能忠敬記念館所蔵

東京から大阪までの速さと時間

遠くに出かけるときは、電車や飛行機など、長距離を速く移動できる乗り物を使うよね。乗り物のなかった昔の人々は一体どうやって旅をしていたんだろう？「速さ」から日本の歴史をながめてみよう。

速さの計算と日本の歴史

速さの表し方

関連単元：算数6年　速さの表し方

速さは、1分、1時間などの単位時間あたりに進む道のりで表します。速さは次の式で求められます。

速さ＝道のり÷時間

ぼくの50m走のタイムは10秒だよ。

速さを計算できるかな？

道のり(m)　時間(秒)

50 ÷ 10 = 5

1秒間に5m進む速さだから、**秒速5m**

速さは、どの時間の単位を使うかによって、秒速、分速、時速の3つの表し方があります。

秒速5m ＝ 分速300m ＝ 時速18km

- 1秒間あたりに進む道のり
- 1分間あたりに進む道のり
- 1時間あたりに進む道のり

同じ速さでも時間の単位によって印象が変わるね。

江戸幕府と参勤交代

関連単元：社会6年　江戸幕府と政治の安定

1603年、徳川家康が江戸に幕府を開き、争いのない安定した江戸時代がはじまりました。家康らは「武家諸法度」という決まりを作って、全国の大名を取りしまりました。

3代将軍の徳川家光が定めた参勤交代は、大名らに自分の領地と江戸を1年おきに往復させる制度です。参勤交代による大勢の家臣を引きつれての長距離の道のりは、大名にとって大きな負担となりました。その一方で、全国の道路や宿場町が整備されたり、江戸の文化が各地に伝わったりするきっかけにもなりました。

参勤交代のようす。大名は家来たちの長い行列を引きつれて、大がかりな仕度とともに領地と江戸を歩いて行き来した。

算数と社会をつなげる

参勤交代を命じられた大名たちの行列は、何日間も歩いて江戸をめざした。かかった日数と道のりから、大名行列の進む速さを計算してみよう。

	江戸までの道のり 道のり(km)	参勤交代にかかった日数	参勤交代にかかった時間 時間	速さ 道のり÷時間	1日あたり歩いた距離
佐賀藩	約1260km	約30日	240時間	**時速5.3km**	42km
加賀藩	約480km	約13日	104時間	**時速4.6km**	36.9km
仙台藩	約350km	約10日	80時間	**時速4.4km**	35.0km

時速は、1日あたり8時間歩いていたと仮定して計算してみたよ。

遠くの藩の大名ほど、速い速度で歩いているよ。やっぱり遠いから急いでいたのかな？

学びのポイント もっとくわしくなろう
速さの歴史をたどろう

自分の足で歩くことからはじまって、人間はいろいろな移動手段を発明してきた。昔の人々はどんなふうに旅をしていたのか見てみよう！

東京～大阪間 約16日※

人が歩く速さ　時速4～5km

人間の歩く速度は時速4～5km、分速60～80mくらいだと言われている。江戸時代の後半には、庶民の間でも旅行がさかんになり、江戸～京都を15日くらいかけて歩いていたそう。1日に何十kmも歩くのは大変だけど、景色を楽しんだり、各地の茶屋で売られている名物を味わったりして、旅の疲れをいやしたという。

※東京～大阪まで510kmとし、1日あたり8時間、時速4kmで歩いたとき

東京～大阪間 約4日※

人が走る速さ　時速15～20km

江戸時代には、現在の郵便のような「飛脚」という職業があり、走って手紙や荷物を配達していた。中でも幕府の手紙を運ぶ飛脚は「継飛脚」と呼ばれ、特に急ぐときは、駅伝のようにして江戸～京都間の約492kmをおよそ3日間で走ったといわれている。1日に8時間走るとすると、およそ時速20.5kmで走っていたことになる。これはなんと、現在のフルマラソンの世界記録に匹敵する速さなんだ。江戸時代の人々の体力には目をみはるものがあるね。

※1日あたり8時間、時速15kmで走ったとき

浮世絵にえがかれた継飛脚のようす。
郵政博物館所蔵

東京～大阪間 約6日※

馬車　時速約10km

明治時代になると、日本ではじめて、多くの人々を乗せて運ぶ「乗合馬車」が登場した。1873年には、大阪～京都の間を5時間で結んだといわれている。乗合馬車は、現代のバスのような役割を果たしていたけれど、鉄道や自動車が広まるにつれてだんだんすたれていった。

※1日あたり8時間、時速10kmで走ったとき

明治時代、乗合馬車の停車所のようす。

東京～大阪間 約16時間

蒸気機関車　時速32.8km

1872年、新橋～横浜間に日本初の鉄道が開通した。1889年には神戸までの東海道線が開通。鉄道が整備されたことで一般の人も遠出がしやすくなった。修学旅行が流行したり、遠方の男女の結婚もふえたりしたんだって。さて、日本初の蒸気機関車は新橋～横浜間の29km（当時）を時速32.8kmで走っていた。新橋から横浜までは、何分かかっていたか、計算できるかな？

29(距離)÷32.8(時速)で、かかった時間はおよそ0.88時間だね。

1時間は60分だから60×0.88で、新橋～横浜間を約53分で走っていたんだ！

明治時代の蒸気機関車。

東京〜大阪間　約4時間 ※
※1964年当時

東海道新幹線　時速210〜285km

1964年、東海道新幹線が開業。当時の最高速度、時速210kmは鉄道では世界最速。開通当時は東京〜新大阪間を4時間で結び、翌年には3時間10分にまで短縮した。現在の最高速度は時速285km、約2時間半の道のりだ。51年間でこんなにも速くなったなんて、びっくりだね。

東海道新幹線の開業用に開発された、0系新幹線。丸い鼻がとてもかわいい。

「ジャンボジェット」の愛称で親しまれたボーイング747。300人以上を乗せることができた。

東京〜大阪間　約70分

飛行機（旅客機）　時速約474km

1970年代、座席数の多いジャンボジェット機が日本に初登場した。これによって、飛行機での旅行が多くの人々にとって身近なものになった。旅客機の速さは平均時速474kmくらいだが、常に風の影響を受けるため、スピードは一定ではない。東京から大阪へは、70分程度で飛ぶ（移動する）ことができる。

東京〜大阪間　最速67分

リニア新幹線　最高時速500km

リニア新幹線は、磁石の力を利用して最高時速500kmで走る高速鉄道だ。東京〜名古屋を結ぶリニア中央新幹線は2027年に、東京〜大阪は2045年に開通予定。もし開通すれば、東京から大阪へ最速67分で行けるようになる。東京から大阪へ通勤したり、日帰りで旅行に行ったりできるようになるかもしれないね。

開発中のリニア中央新幹線。

アポロ10号の司令船。

宇宙では空気の抵抗がないから、地球上よりずっと速く飛べるんだって！

東京〜大阪間　約46秒

宇宙船　最高時速39897km

1969年に打ち上げられたアメリカの有人宇宙船アポロ10号は、最高時速39897kmを記録した。これは人間を乗せた乗り物としては史上最速として、ギネスブックにも掲載されている。もしもこの速さで東京を出発したら、大阪までなんと、たった46秒で到着してしまう計算だ！

- ●監　　修　　齋藤孝
  1960年、静岡県生まれ。東京大学法学部卒業。東京大学大学院教育学研究科博士課程等を経て現在、明治大学文学部教授。専門は教育学、身体論、コミュニケーション論。著書に『声に出して読みたい日本語』（草思社）、『勉強なんてカンタンだ！』（PHP研究所）、『考え方の教室』（岩波書店）ほか多数。

- ●装丁・本文デザイン　　DAI-ART PLANNING（五十嵐直樹、横山恵子、天野広和）
- ●表紙・本文イラスト　　MARI MARI MARCH
- ●編　　集　　教育画劇（清田久美子）
  　　　　　　　オフィス303（深谷芙実、金田恭子、三橋太央）

- ●写真・図版・挿絵　　読売新聞／アフロ、草思社、古紙再生促進センター、全国牛乳パックの再利用を考える連絡会、日本環境協会、経済産業省資源エネルギー庁、フォトライブラリー、上薗紀耀介、理化学研究所、遠藤亜美、NASA、産業技術総合研究所、東京カートグラフィック、阪急電鉄、国立天文台、伊能忠敬記念館、津山郷土博物館、郵政博物館、国立国会図書館、小樽市総合博物館、ANA、山梨県立リニア見学センター

齋藤孝の どっちも得意になる！ 算数×社会

2016年2月15日　初版発行

発行者　升川秀雄
発行所　株式会社教育画劇
　　　　〒151-0051
　　　　東京都渋谷区千駄ヶ谷5-17-15
　　　　TEL　03-3341-3400
　　　　FAX　03-3341-8365
　　　　http://www.kyouikugageki.co.jp
印刷所　大日本印刷株式会社

算数と社会がどっちも大好きになっちゃった！

N.D.C.375　36p　297×220　ISBN 978-4-7746-2039-8
（全4冊セットISBN 978-4-7746-3032-8）
©KYOUIKUGAGEKI, 2016, Printed in Japan

- ●無断転載・複写を禁じます。法律で認められた場合を除き、出版社の権利の侵害となりますので、予め弊社にあて許諾を求めてください。
- ●乱丁・落丁本は弊社までお送りください。送料負担でお取り替えいたします。